AF451955

ÉCHO ET NARCISSE,

OPÉRA

EN TROIS ACTES,

REPRÉSENTÉ

POUR LA PREMIERE FOIS,

PAR L'ACADÉMIE-ROYALE DE MUSIQUE,

Le Mardi 21 Septembre 1779.

Echo n'eft plus un fon qui dans l'air retentiffe,
C'eft une Nymphe en pleurs qui fe plaint de Narciffe.

Boifleau.

PRIX XXX SOLS.

AUX DÉPENS DE L'ACADÉMIE.

De l'Imprimerie de P. DE LORMEL, Imprimeur de ladite Académie, rue du Foin Saint-Jacques, à l'Image Sainte Genevieve.

On trouvera des Exemplaires du Poëme à la Salle de l'Opéra.

M. DCC. LXXIX.

AVEC APPROBATION ET PRIVILEGE DU ROI.

Le Poeme eſt de M. le Baron de * * *

La Muſique eſt de M. le Chevalier G L U C K.

AVERTISSEMENT.

Nous croyons devoir rappeller, pour justifier un point essentiel de ce Drame, que suivant les idées des tems où nous en avons pris le sujet, on croyoit que les Nymphes habitoient quelquefois sous les Eaux, témoins Salmacis, Aréthuse & l'humide Palais des Néréides décrit par Virgile. Un Oracle menace Narcisse d'une mort soudaine, s'il approche de quelque rivage; il s'en tient long-tems éloigné; mais poussé par un penchant invincible ou plutôt par l'invisible force d'un Dieu, qui poursuit en lui un Rival préféré, il voit enfin l'élément liquide: il en ignore les propriétés; il ne sait point que cet Element oppose au Ciel un autre Ciel; qu'on y voit floter le disque des Astres, qu'il balance dans son sein mobile les cimes des forêts, en un mot, qu'il double, à nos regards le spectacle de la nature. Il est bien simple qu'il soit trompé par un phœnomène inconnu; il prend pour une jeune & belle Nymphe son aimable image: frappé d'un égarement fatal & involontaire, il se sent enflammer pour elle*

---

* Le Poëme d'Echo & Narcisse étoit fait, & a été présenté à M. le Chevalier GLUCK au mois de Mars 1777.

On jugera de ce que nous avons inventé dans un sujet qui nous a paru lyrique & pittoresque, mais qu'il falloit étendre & animer. On sait que le Théâtre a des grandes libertés ; lorsque l'Histoire & à plus forte raison la Fable, nous offre un événement propre à la Scène, & qu'elle se tait sur les circonstances qui l'ont produit, il a toujours été permis d'y suppléer, en faisant voir, par un enchainement de passions & d'incidens imaginés, de quelle maniere cet événement a pu ou dû arriver. On peut même altérer un fait (& nous en avons nombre d'exemples) lorsque ce changement favorise l'intérêt. En cela comme en bien d'autres choses c'est le succès qui nous justifie ou qui nous condamne.

La mort d'Écho est liée à un effet naturel qui nous répéte encore tous les jours sa triste fin. On jugera du moyen dont nous nous sommes servis pour conserver l'esprit de cette Fable.

C'est l'amour qui est le mobile de toute la Piece. Il falloit bien opposer un Dieu à un Dieu ; mais il ne tombe point des nues à la fin pour trancher la difficulté, il paroît dès le commencement ; en même tems qu'il forme le nœud, il le démêle, il n'opere le dénouement qu'après l'avoir préparé. Son rolle est nécessairement isolé & secret, il ne

peut

peut fe montrer qu'au commencement des Actes, à moins qu'il ne faififfe furtivement un intervalle entre deux Scènes. Nous avons cru y trouver cet avantage, que les Danfes qu'il permet ou qu'il ordonne, n'ayant pour témoins ni pour objets les Perfonnages du Drame, ne pouvant couper ni fufpendre les mouvemens qui les agitent, ne fauroient amortir l'intérêt. Si ces Danfes n'y contribuent point, du moins fervent-elles au développement de l'action; l'Amour en fait autant de moyens pour la conduire, & de refforts pour l'avancer : au refte on a tâché non-feulement qu'elles ne tranchaffent point avec la couleur propre des Scènes où elles font introduites, mais qu'elles puffent même s'y affortir & s'y nuancer par leur genre & leur caractere.

Nous nous bornons à cette courte expofition pour la part que nous avons à cet Ouvrage; mais il nous feroit trop pénible de nous taire fur les foins donnés à fon établiffement; nous avons trop à nous louer du zele actif & éclairé qui dirige l'Académie Royale de Mufique, & des Artiftes dont les différens talens fe réuniffent, pour produire fur fon Théâtre cette unité d'effet & d'illufion qui réfulte de leur accord.

A

ACTEURS ET ACTRICES
CHANTANS DANS LES CHŒURS.

CÔTÉ DE LA REINE.		CÔTÉ DU ROI.	
Mesdemoiselles.	*Messieurs.*	*Mesdemoiselles.*	*Messieurs.*
d'Agée.	Candeille.	Dubuisson.	Héri.
des Rosières.	Larlat.	d'Hautrive.	Lagier.
Chenais.	Tourcati.	Veron.	Martin.
Constance.	Capoi.	Garrus.	Vanhek.
Thaumat.	Hilden.	Rouxelin.	Tourillon,
Laurence.	Méon.	Sanctus.	Boi.
Paris.	Cleret.	Dumontier.	Huet.
Henriette.			Itasse.
Gavaudan.c.	Baillon.	Adelaide.	Jouve.
Isidore.	Fagnan.	Charmois.	Moulin.
Eugenie.	Tacusset.	Chabaneau.	Bouvart.
Du Beaupré.	de Lori.	Leclerc.	Boulanger.
	Joinville.		Cavailher.

ACTEURS.

L'AMOUR,   Mlle Girardin, c.

ÉCHO, *Nymphe Souveraine*
des Bois & des Eaux,   Mlle Beaumefnil.

NARCISSE, *Fils du CÉPHISE*
Jeune Chaſſeur,   Mr Lainez.

CYNIRE, *ſon Ami*,   M^r le Gros.

ÉGLÉ   Mlle Gavaudan.

AGLAYÉ   } *Amies d'ÉCHO.*   Mlle Joinville.

LES NYMPHES *des Eaux.*   }   Chateauvieux

LES NYMPES *des Bois de la*   } Mlles   Joinville.
ſuite d'ÉCHO.   Thaunat.
           Laurence.

SYLVAINS.   } M^{rs}   Cheron.
             Rouſſeau.

LES PLAISIRS & LES PEINES
de la ſuite de l'AMOUR.

LES ZÉPHIRS.

Suite d'ECHO, & de NARCISSE.

La Scêne eſt dans un Valon de la THESSALIE.

A ij

PERSONNAGES DANSANTS.

ACTE PREMIER.

SYLVAINS & NYMPHES des Bois.

M. GARDEL, Mlle. HEYNEL.

M^rs. FAVRE, DESPRÉAUX.

Mlle. DORLE'.

M^rs. Abraham, le Breton.

Mlles. Bigotini, Auguste.

M^rs. Simonet, Desplaces, Trupty, Dangui.

Mlles. Lehoux, Saulmier, Duboulay, Courtois, c.

ONDINS & NAYADES.

M^rs. Le Doux, Barré, Olivier.

Mlles. Crépaux, Coulon.

M^rs. Hennequin, 1. Guillet, 1. le Bel, Duchaîne.

Mlles. Martin, Rozé, Puisieux, Thiery.

ENFANTS.

ZÉPHIRS.

M^rs. Blondin, Autival, Robert, Jacotot, Chevalier, Doucé, Ducis, Cantagrene, Deschamps.

NYMPHES.

Mlles. Fontenel, Esther, Riviere, Saint Julien, Prud'homme, Delisle.

ACTE SECOND.

PLAISIRS.

M. Vestris, p. Mlle. Guimard.

M^rs. Bare', Olivier.

Mlles. Crepaux, Coulon.

M^rs. Doſſion, Caſter, Giguet, Clerget, Delahaye, Guillet c. Pradix, Ducel.

Mlles. Duval, Carré, Courtois, l. Vilette, Camille, Elize, Thiery, Jenny.

ACTE TROISIEME.

FAUNES.

M. VESTRIS, p.

PLAISIRS.

M. VESTRIS, f. Mlle. THEODORE.

M^{rs}. Doſſion, Caſter, Giguet, Clerget.

Mlles. Courtois, l. Vitelle, Camille, Jenny.

PASTRES & PASTOURELLES.

M. DAUBERVAL.

Mlles. ALLARD, PESLIN.

M^{rs}. Delahaye, Guillet, l. Ducel, Largierre.

Mlles. Duval, Carré, Elize, Gibaſſier.

SÏLVAINS.

M. GARDEL.

M^{rs}. Simonet, Deſplaces, Trupty, Dangui.

NYMPHES des Bois.

Mlles. Saulnier, Courtois, c. le Houx, Duboulay.

ONDINS.

M^{rs}. Hennequin, l. Guillet, le Bel, Duchaîne.

NAYADES.

Mlles. Martin, Rozé, Puiſieux, Darey.

ECHO

ECHO ET NARCISSE,
OPÉRA.

ACTE PREMIER.

Le Théâtre repréſente des Côteaux fleuris, l'Autel de l'Amour, ſon Temple, la Grotte des Nymphes, la Fontaine de Narcisse, des Bocages agréables, & des Bois de Cyprès entrecoupés & ſurmontés de Rochers.

SCÊNE PREMIERE.

L'AMOUR ſeul.

Rien dans la nature
N'échappe à mes traits,

Ni le Guerrier, couvert de fon armure,
Ni le Chaffeur leger qui fuit dans les forêts.

Je m'étois plu dans ces retraites
    A réunir deux jeunes cœurs :
Narciffe, Echo, de mes faveurs fecrettes
    Y goûtoient les pures douceurs.
Appollon brûle envain pour la Nymphe fidelle ;
    Il fe venge fur fon amant :
    Par un funefte enchantement,
    Le Dieu jaloux l'éloigne d'elle.

Que mon reffentiment le pourfuive à fon tour.
Que leur bonheur encor devienne fon fupplice.
Effayons fous mes loix de ramener Narciffe.
    Qui peut réfifter à l'amour ?

    Rien dans la nature, &c.

Mais le Chœur des Nymphes s'avance !
L'Amour doit fe cacher aux yeux de l'innocence.
          (*Il fort.*)

SCENE.

SCÊNE II.

AGLAYÉ, CHŒUR *des* NYMPHES *des Eaux*,
SYLVAINS.

AGLAYÉ aux NYMPHES *& aux* SYLVAINS
qui paroiſſent dans l'éloignement & s'aſſemblent
peu-à-peu à ſa voix.

NYMPHES des Eaux ! Silvains ! mêlez vos voix :
    Qu'à vos accens vos pas s'uniſſent ;
    Que vos Grottes en retentiſſent.
L'Amour, ce Dieu charmant dont nous ſuivons les
      loix,
Au fils du beau Céphiſe, en ce beau jour, enchaîne
Echo, fille de l'Air, la Nymphe ſouveraine
De l'eſpace tranquille ombragé par nos bois :
Qu'à ſes tendres bontés notre zéle reponde ;
Quels droits touchants elle a ſur notre cœur !
Rien ne peut égaler ſa naïve douceur ;
Son ame ſimple & vraie a le calme de l'onde :
    De ſa felicité coule notre bonheur.

    CHŒUR, accompagné de danſe.

    Que la lumiere eſt vive & pure !
    Vit-on jamais un ſi beau jour ?

B

Un Hymen préparé par la main de l'Amour
Eſt la fête de la nature.

A G L A É.

Echo, par un charme innocent,
De l'amour pur étend l'Empire :
Son regard modeſte & touchant
Defend ce qu'il inſpire.

La pudeur repoſe & ſourit
Sur ſon front ſerein, ſur ſa bouche ;
Plus la décence vous ravit,
Plus ſa beauté vous touche.

C H Œ U R.

Que la lumiere eſt vive & pure, &c.

SCÈNE III.

ECHO, *suivie des NYMPHES des Bois ses Compagnes ; elle tient dans ses mains deux Colombes blanches sur des roses : les NYMPHES qui la suivent portent des Corbeilles de Fleurs & des Guirlandes.*

ECHO aux Chœurs, s'arrêtant avec sa suite.

NYMPHES ! Eloignez-vous un moment de ce lieu.
L'amitié me prévient, dans les vœux que vous faites ;
    Mais, par des offrandes secrettes,
    Je dois fléchir un autre Dieu.

Les CHŒURS sortent. ÉCHO dépose son Offrande, les NYMPHES de sa suite enlacent leurs Guirlandes autour de l'Autel & posent leurs Corbeilles sur les marches. Tous ces mouvemens composent une Pantomime. ECHO renvoie les Nymphes de sa suite.

(*Elles se retirent.*)

B ij

SCÈNE IV.

ECHO *seule.*

POUR offrir à l'Amour l'hommage le plus tendre
Des nœuds que l'hymenée a promis à nos vœux,
En ces Bosquets sacrés Narcisse a du m'attendre :
J'y porte envain mes tristes yeux....
Hélas ! il ne vient point s'y rendre....
De quel doute cruël tous mes sens sont saisis ?...
Dieux ! je ne l'y vois point, & n'ai pas vu Doris.

(*Elle s'avance auprès de l'Autel de l'Amour.*)

Peut-être d'un injuste effroi
Ma tendresse est alarmée :
Écoute, Amour ! & dis-moi
Si je suis encore aimée :

Tu lis au cœur de mon Amant,
Tu sais s'il connoît l'imposture,
Tu sais si son cœur dément
Ce que sa bouche me jure.

Hélas ! d'un trop juste effroi
Ma tendresse est alarmée :
Vois ma peine, Amour ! & plains moi ;

Non je ne fuis plus aimée.

Non j'ai trop connu fes mépris ;
A-t-il vu feulement la peine que j'endure ?
Je n'ai plus fon Amour , je n'en fuis que trop fûre :
Aux yeux de Flore, j'ai furpris
Un doux regard qu'il jettoit fur Doris.

Hélas ! je n'ai pour moi qu'une ame fimple & pure :
Elle avoit fu fe ménager
Tout ce que l'art ajoûte à la nature ;
J'avois négligé ma parure ;
Dans la peine y peut-on fonger ?
Le plaifir cruël de me nuire
Donnoit à fes regards un éclat féducteur :
Hélas ! les miens ne laifloient lire
Que l'abbattement de mon cœur.

SCÊNE V.

ECHO, ÉGLÉ

ÉGLÈ

VOus différez nos jeux ,
Venez , chacun s'empreffe ;
L'éclat de l'alégreffe
Brille dans tous les yeux.

E C H O.

Quand j'étois sans tendreſſe
J'allois chercher vos jeux!

E G L É.

L'Hymen qui vous couronne,
Dans l'époux qu'il vous donne,
Prévient vos tendres vœux.

E C H O.

Ah! que tu connois peu le tourment que j'endure!
De ſon Echo, Narciſſe, hélas, n'eſt plus épris :
Depuis long-tems, Eglé, ſoupçonnant ſon parjure,
Je cache dans mon cœur une vive bleſſure,
Qui m'accable, & dont je péris.

E G L É.

Craignez, aimable Echo! votre délicateſſe;
Elle ſeule a cauſé le doute qui vous bleſſe :
Sans tous les vains effrois qu'elle vous a donnés,
Combien de pleurs, hélas! vous auriez épargnés!

E C H O.

Mon cœur me le dit trop, ma douleur n'eſt point
    vaine;
Mais,... ciel,... c'eſt lui que j'apperçoi.
Je me vais éclaircir. De grace éloigne - toi.

Eglé ſort.

S C È N E VI.

N A R C I S S E, E C H O *éloignée.*

*Tandis qu'E c h o cherche N a r c i s s e sur
la pente du Côteau qui occupe le fonds du
Théâtre, N a r c i s s e sort par un des côtés.
Il se panche sur la Fontaine qui est au pië de
ce Côteau.*

N A R C I S S E.

Divinité des Eaux ! charmante Souveraine !
   Peux - tu réfister à mes pleurs ?
Avec des traits fi pleins de timides douceurs,
   Quoi tu pourrois être inhumaine !

Dans les bras d'un Rival heureux
   Peut - être tu ris de ma peine.
   Tremble pour l'objet de tes feux,
Tremble en ta Grotte fouterraine.

   Je defcendrai fous les flots,
   Et fans perdre, en vains fanglots,
   Le tranfport brûlant qui me guide,

Ma main , de cent javelots ,
Sur ton fein palpitant , percera le perfide….

ECHO à part dans l'éloignement.

Ciel ! que viens-je d'entendre, & quel eft mon
malheur !

NARCISSE.

Mais où m'égare une injufte douleur ?
Peut-être , hélas ! de mon ardeur
Tu daignas partager la joie ou les alarmes :

ECHO.

Ah ! chaque mot me glace & me ferre le cœur !

NARCISSE.

Lorfque je fouriois , un fouris plein de charmes
De ton teint ranimoit les fleurs ;
Quand je pleurois , à mes pleurs
Tu répondois par des larmes.

ECHO s'étant rapprochée.

Lui faut-il découvrir mes fecrettes douleurs ?
Je ne les foutiens plus, à peine je refpire.

NARCISSE.

NARCISSE.

J'ai vu tes bras tendus vers moi;
Tu femblois vouloir me dire :
Narciffe ! je plains ton martyre;
Que ne puis - je envoyer mes foupirs jufqu'à toi!

*ECHO, s'avance fur la Voûte de la Fontaine
qu'elle couvre de fon ombre.*

NARCISSE.

Mais.... Dieux!.... d'un voile obfcur tu couvres
ton vifage.
Sans doute que ces mots ont bleffé ta fierté.
Belle Nymphe! adoucis ton regard irrité ;
Ecarte ce fombre nuage
Qui me dérobe ta beauté.

*ÉCHO, ayant defcendu une partie du Côteau
& en vue de NARCISSE.*

Narciffe ! .... Echo t'appelle.

NARCISSE.

Quel embarras ! quelle peine cruelle !

C

É C H O.

Narcisse : . . . . Echo t'appelle.

N A R C I S S E.

Quels mouvemens divers m'agitent tour à tour!

É C H O.

C'est ton Amante fidelle ;
　　　Sans elle
. Tu n'avois pas un beau jour,
Et tu la fuis... ah ! rends - lui ton amour.

N A R C I S S E.

Par mes ennuis, par tes alarmes ,
　　Ah ! que mon cœur est tourmenté !
Pour toi d'une mortelle il eut bravé les charmes ,
　　Il voudroit te rendre les armes,
Mais.... il est au pouvoir d'une Divinité.

　　Par mes ennuis, par tes alarmes,
　　Ah ! que mon cœur se sent troubler ?
　　　Je ne saurois te consoler,
　　　Et ne puis soutenir tes larmes.

Il sort.

ÉCHO étant defcendue.
> Cruel ! eh ! tu les fais couler ?
Arrête... ô Dieux ! ... il fuit ...

SCÊNE VII.

ECHO, CYNIRE.

ÉCHO.

Dans ton fein, cher Cynire !
Ton Ami dépofa les fecrets de fon cœur.
Quelle eft cette Déeffe attachée à me nuire ?
Apprends moi tout mon malheur.

CYNIRE.

Si votre Amant du charme qui l'engage
Ne vient point abjurer l'erreur à vos genoux,
N'en accufez qu'un Dieu jaloux,
Dont votre cœur a refufé l'hommage :
Devant fes yeux s'il n'eût mis un nuage,
En ce moment encor, tout plein de votre image,
Dans la nature entiere il ne verroit que vous.

ÉCHO.

Expliques ce myftère.

C ij

CYNIRE.

Craignez la lumiere
D'une affligeante vérité.

É C H O.

Mon trifte cœur la préfere
Au doute affreux dont il eft agité.
Ne fais-je point, hélas ! fon infidélité ?
Aurois-je à craindre un plus fenfible outrage ?

C Y N I R E.

Eh bien il faut céder ! . . . . Un finiftre préfage
L'avoit menacé du trépas,
S'il ofoit un inftant approcher du rivage,
Un pouvoir invincible y conduifit fes pas ;
Dans le cryftal des eaux, qui lui peint fes appas,
Brûlant, yvre d'amour, il pourfuit fon image.

ÉCHO, fans prendre garde à CYNIRE.

Ciel ! pour mon tendre cœur il n'eft donc plus
    d'efpoir.
Fut-il jamais douleur à ma douleur égale ?
Des attraits de Doris je craignois le pouvoir,
Je venois la chercher, je tremblois de la voir ;

Je rédoutois une Rivalle...
Et mon plus grand malheur eſt de n'en point avoir.

Ah ! s'il s'étoit laiſſé ſurprendre
D'une nouvelle ardeur,
S'il étoit encor tendre ,
Peut - être il céderoit à ma vive douleur ;
S'il avoit engagé ſon cœur,
Il pourroit encor me le rendre :
Mais ſur un inſenſible , Ah ! Dieux ! qu'ai - je à
prétendre !
Cynire... je ne puis ... ſoutenir... mon malheur.

C Y N I R E.

Combattez , tendre Echo ! le trouble qui vous
preſſe ;
Oppoſez à vos maux un cœur plus affermi ;
Eſſayons ſur le ſien, qu'égare ſon yvreſſe,
Ce que peuvent , hélas ! les pleurs d'une Maîtreſſe ,
Et le foible effort d'un Ami.

É C H O.

D'une vie auſſi malheureuſe
Ah ! tous les jours , marqués par les tourmens,
Ne ſeroient qu'une mort affreuſe ,
Reſſouſlé à tous les momens.

Un feul objet avoit rempli mon ame;
Je ne voyois que lui dans ce vafte Univers;
Je perds tout, quand je le perds;
Et tout expire avec fa flamme.

L'efpoir fuit de mon cœur... l'effroi vient le preffer
Et le glacer...
Un nuage obfcurcit le jour, que je détefte.
La terre tremble fous mes pas.
Preffentimens d'un prompt trépas!
Vous n'avez rien de funefte.
La mort eft maintenant tout l'efpoir qui me refte,
Et l'unique fecours qui ne me fuira pas.

C Y N I R E.

N'exhalez point en pleurs la force qui vous refte.
Je vais fléchir Narciffe ou mourir dans fes bras.

Fin du premier Aéte.

ACTE SECOND.

SCÊNE PREMIERE.

Quelques unes des Nymphes Compagnes d'ECHO.

UNE PREMIERE.

O chere & tendre amie !
Quel est ton triste sort !

UNE SECONDE.

Tu veux quitter la vie ;
Tu veux donc notre mort.

DEUX ENSEMBLE.

O Compagne chérie !
Ecoute la pitié.

DEUX ENSEMBLE.

Si l'amour t'a trahie,
Que t'a fait l'amitié ?

TOUTES ENSEMBLE.

Comment vivre après elle ?
Ah ! perte trop cruelle !

Comment la foutenir ?
Qu'allons nous devenir ?

SCÈNE II.

ÉCHO, ÉGLÉ & *le* CHŒUR *des* NYMPHES *des Bois.*

ÉCHO, pâle & en défordre, tenant dans fes mains une Guirlande & les Nœuds de fes cheveux.

O mes Compagnes fidelles !
A mes douleurs mortelles
Ne m'abandonnez pas ;
Soutenez mes pas ;
Ranimez de mes fens la froide défaillance :
Que votre préfence
Adouciffe mon trépas ;
Ne m'abandonnez pas.

ÉGLÉ.

Vivez, ô Nymphe chérie !
Vivez, Narciffe encor peut vous rendre fon cœur :
Quels regrets de perdre la vie
S'il vouloit vous rendre au bonheur !

ÉCHO.

E C H O.

C'en eſt fait, je perds la lumière :
Les Dieux du Styx ont entendu ma voix,
Et prononcé l'arrêt de mon heure derniere,
Qu'ils ne prononcent qu'une fois.

LES CHŒURS.

O mortelles alarmes !
Impitoyables Dieux !
Si vous avez bravé le pouvoir de ſes yeux,
Serez-vous touchés par nos larmes.

ÉCHO *s'approchant de l'Autel, & y dépoſant ſes*
Treſſes & ſes Guirlandes.

Quel cœur plus ſenſible & plus tendre
Mérita jamais tes faveurs?
Amour ! devois-je m'attendre
A tes rigueurs?
Reçois ces ornemens que de mes pleurs j'arroſe ;
Ils ne conviennent plus à mes pâles attraits ;
Quand tu me couronnois de roſe,
Ne me gardois-tu qu'un Cyprès ?

LES CHŒURS.

O mortelles alarmes !
Impitoyables Dieux !

D

Si vous avez bravé le pouvoir de ſes yeux
Serez-vous touchés par nos larmes ?

ÉCHO, *continuant de s'adreſſer à l'Amour*

Dans ton Temple immortel, de ces Nymphes ſuivie,
En victime j'irai ſubir mon triſte ſort :
Je t'avois deſtiné ma vie,
Je veux te conſacrer ma mort.

(*S'adreſſant aux Chœurs.*)

Et vous lorſqu'en ces lieux, troupe fidelle & tendre !
Mes manes gémiſſans viendront ſe faire entendre,
Appaiſez leurs douleurs,
Allez ſur ma cendre
Répandre des pleurs.

O mes compagnes fidelles !
A mes douleurs mortelles !
Ne m'abbandonnez pas,
Soutenez mes pas.   (*Elle ſort.*)

SCÊNE III.

É G L É *ſeule.*

CYNIRE m'a promis de fléchir l'infidelle,
Cynire ne vient point, quel doute ! quel ennui!

Je l'apperçois ! ô peine plus cruëlle !
Il revient feul, il n'a rien pû fur lui.

S C Ê N E   I V.

É G L É , C Y N I R E.

É G L É.

TON amitié vive & preffante
N'a donc pû dans fon cœur faire parler l'Amour ?
Sçait-il qu'a fon amante
Expirante
Un feul de fes regards pourroit rendre le jour ?

C Y N I R E.

Je n'ai pû l'approcher : yvre de fa chimère
Il cache à tous les yeux fa langueur folitaire.

É G L É.

Cours, vole, de tes cris va remplir ces forêts ;
Joins, Narciffe, peins-lui fa déplorable Amante
Pâle & mourante,
Peins-lui de fon trépas les funeftes apprêts :
Va, cours, le moment preffe, & fon heure s'avance.
Je vais flatter fon cœur d'un rayon d'efpérance.

(*Elle fort.*)
D ij

CYNIRE.

Amour prête-moi ta puissance:
Viens, donne à mes soupirs, à mes cris, à mes pleurs,
Ce charme qui pénétre & qui change les cœurs.

(Il sort.)

SCÊNE V.

L'AMOUR, *les* PLAISIRS *& les* PEINES *qui le suivent.*

L'AMOUR seul.

COURAGE. Acheve ton projet;
Sans bruit j'en prépare l'effet.
Je fais changer d'armes,
Je frappe en secret.
Tantôt, soufflant sur un Bouquet,
J'y répands mes charmes,
Et tantôt, sous un Cyprès,
Moüillé de mes larmes,
Je cache mes traits.

Aimables Plaisirs ! tendres Peines !
A mes desseins secrets vous servez tour à tour:
Pour rendre un cœur à ses premieres chaînes,
Voyons à qui de vous doit recourir l'Amour.
Venez.

(On danse.)

L' A M O U R.

A'musez, fachez plaire,
Voltigez, doux plaisirs !
Sur votre aîle légère
Promenez les desirs ;
Brillez, charmez les ames,
Par vos jeux renaiffans :
Pour y lancer mes flammes,
J'ai des traits plus puiffans.

Vous, alarmes touchantes,
Prévalés fur les ris ;
A leurs rofes brillantes
Oppofez vos foucis.
Sentiment né des peines !
C'eft à toi d'attendrir :
L'Amour que tu ramenes,
Ramene le plaifir.   (*Ils fortent*)

S C E N E VI.

CYNIRE & *enfuite* NARCISSE.

C Y N I R E.

L A déplorable Écho touche à fa derniere heure :
Le fil de fes jours tient à ce fatal moment ;

O Dieux ! comment fléchir fon infidelle Amant ?

NARCISSE, regardant la Fontaine.

Je ne puis m'ouvrir ta froide demeure,
Nymphe fans pitié ! tu veux que je meure :
A te contempler j'epuife mes yeux :
Ingrate ! inhumaine !
Je voudrois brifer ta chaîne ;
Mais vers toi l'amour me ramène
Par un attrait victorieux.

(Il s'approche de la Fontaine.)

CYNIRE.

Réfifte au pouvoir qui t'entraîne ;
Entends la voix de la tendre pitié.

NARCISSE.

Quel eft l'afcendant qui m'enchaîne,
Et fufpend mon ame incertaine
Entre l'Amour & l'amitié ?

CYNIRE.

Viens. Du froid de la mort ton Amante eft faifie ;
Sa tombe s'ouvre, elle va l'engloutir :
Rallume d'un regard le flambeau de fa vie,
Ou crains de voir la tienne en proye au repentir.

Sa voix plaintive & gémiffante
Te reprochera fon trépas ;
Par-tout, la nuit, fon ombre errante
Viendra s'offrir devant tes pas.

Où porter ta plainte inutile ?
Quels déferts cacheront tes pleurs ?
Infortuné ! dans quel afyle
Fuiras - tu les remords vengeurs ?

N A R C I S S E.

Malheureux !... par tes coups Echo perdroit la vie !
　Courons... mais quels fecrets combats ! .....
Ah ! lorfque dans mon fein fa voix mourante crie,
Vers ces bords enchantés quels Dieux portent mes
　　　　pas ?

C Y N I R E.

Les Dieux infpirent - ils l'affreufe barbarie ?
Viens... romps ces charmes impuiffans.

NARCISSE s'inclinant vers le Miroir des Eaux,
& montrant à CYNIRE *l'aimable objet qui*
s'y peint.

Voi la jeune Déeffe Idole de mes fens,
Abjure un odieux langage.

CYNIRE s'inclinant aussi, & pressant NARCISSE
de sa main.

Malheureux ! connois ton erreur.
Dans ce mouvant Crystal, où se peint le Rivage,
Unie avec la tienne observe mon image.
Tu m'entends, je presse ton cœur,
De deux sens à la fois reçoi le témoignage.
Toi - même étois l'objet de ta funeste ardeur.

NARCISSE.

O combats ! ô désordre extrême !
O trouble affreux & confus !
Hélas ! je ne sais plus
Ce que je hais où ce que j'aime.
Je sens au dedans de moi
Un long frémissement qui me glace d'effroi.
Je ne me connois plus moi - même.
O mon ami ! je m'abandonne à toi.

Un coup de Tonnerre se fait entendre.

C H Œ U R derriere le Théâtre.

Dieux qu'implorent ses tristes yeux !
Dieux de la mort ! parmi les ombres
Des Amans malheureux ,
Recevez - là dans vos demeures sombres.
CYNIRE.

CYNIRE.

Entends - tu ce chant lamentable ?

NARCISSE.

Quels fourds gémiffemens ? .. . je frémis !. ;. Ciel
     vengeur !
    Epuifes - tu fur un coupable
    Les derniers traits de ta fureur ?

CYNIRE à part.

Ah ! que je plains le malheur qui l'accable !

NARCISSE.

    Une lumiere redoutable
    Ouvre l'abîme de mon cœur.

Je me fens friffonner d'horreur & d'épouvante.

*Le Temple s'ouvre. On voit ÉCHO expirante, &
fes Compagnes défolées autour d'elle : quelques-
unes fortent effrayées & les cheveux épars.*

Elles s'avancent & crient.

Ciel ! elle expire.

              E

NARCISSE.

O Ciel ! fecourez - moi !

Il l'apperçoit.

C'eft elle … ô Dieux ! chere Écho ! chere Amante !
Je cours dans le Tombeau m'enfermer avec toi.

*NARCISSE fe précipite vers le Temple dont
les Portes fe ferment. Les pas égarés & incer-
tains , il s'enfonce dans la Forêt. CYNIRE
le fuit pour le fauver de fon défefpoir.*

Fin du fecond Acte.

ACTE TROISIEME.

SCÈNE PREMIERE.

LES ZÉPHIRS, CHŒUR *caché dans l'Ombrage, ensuite l'*AMOUR.

CHŒUR accompagné de danse.

A l'ombre de ces Bois épais,
Dans une tranquille indolence,
Que l'on goûte en paix,
Le frais & le silence !
L'haleine pure des Zéphirs
Y berce la tendre verdure :
Leur foible murmure
Se mêle à nos soupirs.

L'*AMOUR.*

Cessez de vous joüer dans cette humble fougère,
Quittez le doux repos de ces ombrages verds,

E ij

Volez, Zéphirs! allez recevoir dans les airs
Un Esprit pur, dont l'essence légère
Vient de se dégager des vapeurs de la terre.

(Les Zéphirs sortent.)

Toi dont Daphné trompa les feux,
Lorsqu'un vain Laurier prit sa place!
Écho s'envole dans l'espace,
Elle échappe aux éclairs qui partent de tes yeux.
Dieu redoutable! Crains les jeux
Du foible Dieu d'Amathonte....
Oui.... quelque soit d'Écho le décrêt arrêté,
Je veux de ses accens que l'organe imité
Devienne un monument de sa fidelité,
De mon pouvoir, & de ta honte.

Vallons secrets chers aux amans!
O vous témoins de leur plainte touchante!
Retracez toujours à leurs sens
Le sort malheureux d'une Amante.
Qu'une voix tendre & languissante
Du fond de vos Bois gémissans,
Reponde à leurs tristes accens.
Par ce prestige, ô lieux charmans!
Calmez leur peine, & flattez leur attente.

J'entends des cris. Cachons jufqu'au bout nos projets.
(*L'Amour fort.*)

SCÊNE II.

L es N Y M P H E S *Compagnes* d'ÉCHO
& les CHŒURS.

A G L A Y É.

CHERE Compagne! Envain de ces fombres forêts
Nous parcourrons l'efpace immenfe ;
De ces rochers épars, couverts de noirs Cyprès,
Ta voix feule interrompt le funebre filence.
O plaifir douloureux qui nourrit nos regrets!
O tendre Echo ! ta voix touchante
Qui nous fuit dans les Forêts,
Nous rend, hélas ! ta perte plus préfente.

C H Œ U R.

O tendre Écho ! ta voix touchante, &c.

A G L A Y É

La nature interrompt fes loix,
Pour accroître ta mifere :

Ton ame enlevée à la terre,
Ta foible voix,
Plaintive & folitaire,
Errante en vapeur legère,
Eſt condamnée à gémir dans les Bois.

CHŒUR.

O Dieu du jour ! ô Dieu plein de rigueur !
Pour l'avoir trouvée infenſible
A ton ardeur,
Tu lui ravis dans ta fureur,
-Du tombeau l'afyle plaiſible ;
En lui laiſſant cette ame ſi ſenſible
D'où lui vient tout ſon malheur.

AGLAYÉ.

Nymphes ! allons verſer des larmes ſur ſa cendre.

SCÊNE III.

LES CHŒURS *qui s'éloignent*, NARCISSE *qui survient avec une marche incertaine & en désordre.*

NARCISSE.

Nymphes ! où fuyez - vous ! Hélas ! daignez
       m'entendre ;
Souffrez qu'à vos regrets j'unisse mes douleurs....
Mais non... fuyez... les pleurs du remords & du crime
Troubleroient les devoirs d'un deuil si légitime ;
Ils souilleroient l'offrande de vos pleurs.

Les Nymphes & les Chœurs sortent.

SCÊNE IV.

NARCISSE *& ensuite* CYNIRE *qui paroît le chercher avec inquiétude.*

NARCISSE.

Va, fuis, abandonne un coupable.

CYNIRE.

Moi ? fuir un malheureux !

N A R C I S S E.

Crains la fatalité qui fuit un misérable
Abandonné des Dieux,
Que le destin poursuit, que la douleur accable.

C Y N I R E.

Dissipes ce mortel effroi,
Adoucis ce coup d'œil funeste ;
Jette un regard serein sur moi :
Lorsque tout fuit autour de toi
L'amitié fidelle te reste.

N A R C I S S E.

Au reproche douloureux,
Au sombre ennui qui me devore,
Cynire ! ne joins pas encore
La honte & l'embarras de rougir à tes yeux :
Laisses-moi, laisses-moi gemir seul en ces lieux.

C Y N I R E.

Tendre amitié ! Cache tes larmes,
Ah ! Crains d'aigrir ses mortelles alarmes ;
Mais pour en prévenir les funestes effets,
Veille sur lui dans ces forêts.

SCENE

S C È N E V;

N A R C I S S E seul.

DE l'amitié touchante & secourable
Ingrat tu repousses la main.
Te voilà seul; en es - tu moins coupable ?
Pourras - tu fuir des Dieux le coup - d'œil redou-
    table,
Et la voix du remords qui tonne dans ton sein ?
Ces Arbres, ces Vallons, tout m'accuse & m'ac-
    cable.

    Beaux lieux témoins de mon ardeur !
Vous ne faites, hélas ! qu'accroître mon martyre.
    Le souvenir de mon bonheur
    Perce mon cœur & le déchire ;
Dieux ! n'est - ce point assez de mon malheur ?
Où fuir ?.... dans quels tombeaux .... dans quel
    affreux abyme ?
Dans ces déserts ?.... ils sont pleins de mon crime.

Il demeure quelque tems immobile & muet.

Entends ma voix du séjour ténébreux
F

Écho ! fidelle Écho ! prends pitié de Narciffe.
De l'Erebe fléchis les Dieux ;
Ils commencent mon fupplice.
Écho ! fidelle Écho ! prends pitié de Narciffe.

La voix d'É c h o.

Narciffe !

N A R C I S S E.

O Ciel. . . . . qu'ai-je entendu ? . . . . c'eft fa voix,
Ah c'eft elle !

La voix d'É c h o.

C'eft elle.

N A R C I S S E.

C'eft Écho qui m'appelle.
J'ai fenti treffaillir mon cœur
D'amour, de repentir & de joye & d'horreur.
Écho ! chere ombre ! ô toi qu'une infidelle implore !
Aux bords du Styx peux-tu l'aimer encore ?

La voix d'É c h o.

Encore.

N A R C I S S E.

Au-dela de la vie, hélas ! tu m'aimerois ?
J'entendrois tes accens, chere ombre ! & je vi-
vrois ?...

Defcendons, defcendons dans les lieux qu'elle ha-
   bite.
Mon trifte fort finit ... Je te joins ... quel moment ?
   Qu'un prompt trépas le précipite.

Il ramaffe fon Javelot qu'il a laiffé tomber de fai-
fiffement à la premiere réponfe d'ÉCHO, & veut
fe percer.

S C Ê N E   V I.

L'AMOUR , ÉCHO , NARCISSE, CYNIRE ,
ÉGLÉ, AGLAYÉ, *les* NYMPHES *des Bois,*
les NYMPHES *des Eaux,* *les* SYLVAINS, *& les*
autres PERSONNAGES DANSANS.

L'AMOUR fuivi d'ÉCHO défarmant NARCISSE.

ARRÊTE malheureux Amant !
Revois ton Amante fidelle :
Je te rends le bonheur & la vie avec elle.

N A R C I S S E.

Dieu x quel enchantement
Succéde à ma douleur mortelle !

(à Écho.)

Quand j'ai caufé ta mort, quand j'ai fait ton tour-
　　ment,
Peux-tu me pardonner?

É C H O.

Quand je vois mon Amant,
Quand à peine mon cœur fuffit à mon yvreffe,
Que lui puis-je exprimer que ma vive tendreffe ?
Le bonheur permet-il un autre fentiment ?

N A R C I S S E ET É C H O.

Quel retour ! ô Dieux ! quel moment !
Quelle volupté je refpire ?
Le cœur me bat, ma voix expire ;
Vois à mon trouble, à mon délire ,
L'excès de mon raviffement.

L'A M O U R ET C Y N I R E.

Un jour plus brillant va vous luire.
A vos yeux tout va s'animer.
Quel bonheur de pouvoir vous dire
C'eft par l'Amour que je refpire ,
Ne refpirons que pour aimer !

É C H O ET N A R C I S S E.

Quel bonheur de pouvoir nous dire, &c.

L'AMOUR.

Jupiter me rappelle au séjour du tonnerre.
Conservez - moi toujours dans votre cœur.
L'Amour n'a plus rien à faire
      Sur la Terre,
Il a fait votre bonheur.

L'Amour rémonte au Ciel.
Le Chœur lui adresse l'Hymne suivant.

HYMNE à l'Amour.

Le Dieu de Paphos & de Gnide
Anime seul tout l'Univers ;
De ses traits dans les airs
Il atteint l'oiseau rapide ;
Il embrase la Neréide,
Jusques dans le sein des mers.

Il embellit la jeunesse ;
Il réunit la grace à la beauté ;
C'est lui qui pare la sagesse
Des attraits de la volupté.

C'est encor lui qui nous console,
Lorsque nous perdons ses faveurs ;
Ce Dieu charmant, lorsqu'il s'envole,
Nous laisse l'amitié pour essuyer nos pleurs.
                (On danse.)

ÉGLÉ.

Quand on n'aime
Que soi - même,
De quel bien peut - on jouir ?
Le bonheur suprême
C'est d'aimer, c'est de sentir
Qu'on nous aime.

Tout intéresse
Un cœur fait pour la tendresse :
Si l'Amour le fait souffrir
Il aime à gémir,
Sa langueur a des charmes ;
Et s'il regrette un plaisir,
Il en retrouve un dans ses larmes.

BALLET GÉNÉRAL.

FIN.

APPROBATION.

J'AI lu par Ordre de Monseigneur le Garde des Sceaux, l'Opéra d'ÉCHO ET NARCISSE, où l'Auteur a suppléé à la Mythologie par l'invention la plus intéressante. FAIT à Paris, ce 21 Août 1779. BRET.

www.ingramcontent.com/pod-product-compliance
Lightning Source LLC
LaVergne TN
LVHW022342170726
843503LV00008B/3506